Retrouvez toute notre collection sur :

www.quellehistoire.com

Disponible

Disponible

Disponible

Disponible

Disponible

Disponible

Disponible

Disponible

Disponible

Disponible

Disponible

Disponible

Disponible

Disponible

Disponible

Bientôt disponible

Disponible

Disponible

Disponible

Disponible

Disponible

Disponible

Disponible

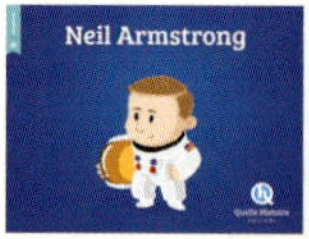

Disponible

À découvrir également

dans la collection Histoire junior

Disponible

Disponible

Disponible

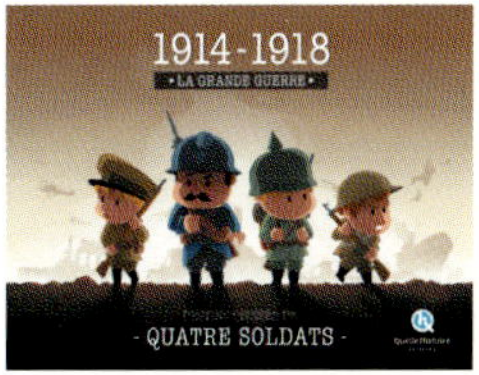

Coffret 4 livres
Disponible

La collection Mythologie

pour tout connaître des grands héros de l'Antiquité

Disponible

Disponible

Quelle Histoire
EDITIONS

Édition et conception : Quelle Histoire SAS
Illustrations : Bruno Wennagel, Mathieu Ferret, Manon Jouet, Anatole Develay
Textes : Patricia Crété

Siège social : 3, rue de Fürstemberg 75006 Paris
Édition et conception : 80, rue des Haies 75020 Paris

www.quellehistoire.com
contact@quellehistoire.fr

Fabriqué par Labelfab / Imprimé en France par Stin Imprimerie - Toulouse

PEFC™ 10-31-2841 / PEFC recyclé / Ce produit est issu de sources recyclées et contrôlées. / pefc-france.org

FABRIQUÉ EN FRANCE

RÉVOLUTION FRANÇAISE

Le crépuscule de la monarchie

Alors que la reine Marie-Antoinette, insouciante, fait la fête avec ses amies, le roi Louis XVI se laisse dépasser par les événements. Son royaume va mal et pour trouver une solution, le 5 mai, il accepte d'ouvrir les états généraux, un grand rassemblement de députés représentant les trois ordres : la noblesse, le clergé et le tiers état, c'est-à-dire le peuple. À 8 heures du matin, tous s'installent dans une petite salle construite à la hâte derrière le château de Versailles. Les débats vont pouvoir commencer...

5 mai 1789

La prise de la Bastille

Les discussions sont compliquées, la noblesse et le clergé refusent d'abandonner leurs privilèges. Le tiers état crée alors une Assemblée constituante pour gouverner avec le roi et protéger le peuple. Mais ce n'est pas suffisant, la population hurle sa colère et descend dans la rue. Le 14 juillet 1789, les Parisiens attaquent la Bastille, une forteresse-prison symbole du pouvoir absolu, qu'ils détruisent : il n'y a que 7 prisonniers, mais beaucoup de poudre pour faire le coup de feu. En 1790, toujours le 14 juillet, se déroule la fête de la Fédération qui deviendra notre fête nationale.

14 juillet 1789

La Déclaration des droits de l'homme et du citoyen

Face à la révolte qui gronde dans toute la France, l'Assemblée constituante, réunie à Versailles le 4 août 1789, vote l'abolition des privilèges comme, par exemple, le droit pour les nobles de ne pas payer d'impôts. Elle décide aussi que la future Constitution, adoptée en 1791, sera précédée d'une Déclaration des droits de l'homme, rédigée le 26 août, dont le premier article énonce le principe de l'égalité de tous les citoyens.

---

26 août 1789

La fuite à Varenne

Depuis octobre 1789, le couple royal, obligé de quitter Versailles, vit dans le palais des Tuileries à Paris, avec leurs deux enfants : Marie-Thérèse (13 ans) et Louis (9 ans). Les révolutionnaires transforment le pays, ce qui ne plaît pas beaucoup à Louis XVI qui décide alors de s'enfuir avec ses proches. Tous sont déguisés et partent de nuit. Mais en chemin, dans la ville de Varennes, ils sont reconnus, arrêtés et reconduits à Paris.

20-21 juin 1791

La bataille de Valmy

Savoir que le pouvoir de Louis XVI est contesté par des révolutionnaires déplaît fortement à l'empereur d'Autriche, parent de Marie-Antoinette, et à la Prusse. « La patrie est en danger », déclare l'Assemblée. Elle a raison. Le 18 août 1792, 150 000 Prussiens et Autrichiens envahissent la France pour porter secours au roi. C'est à Valmy, au pied d'un moulin devenu célèbre, que les Français parviennent à stopper l'invasion étrangère, une grande victoire politique.

---

20 septembre 1792

La République est proclamée

Le peuple a perdu confiance en Louis XVI et, le 10 août 1792, il envahit les Tuileries. « À bas le roi ! » crient les insurgés qui arrêtent la famille royale, conduite à la prison du Temple. Une nouvelle assemblée, la Convention, se réunit alors que les troupes triomphent à Valmy. Le 21 septembre, la monarchie est abolie et la République proclamée. Les révolutionnaires en profitent pour transformer le calendrier : le lendemain, les actes officiels sont datés de l'an I de la République !

21 septembre 1792

La mort du roi

Le roi que l'on appelle maintenant citoyen Capet est accusé de trahison. Il comparaît devant les élus de la Convention qui le jugent coupable et le condamnent à mort : 380 voix pour, 310 contre. Le 21 janvier, dans un matin glacial, il monte à l'échafaud dressé place de la Révolution (actuelle place de la Concorde). « Je meurs innocent de tous les crimes dont on m'accuse », crie-t-il devant une foule excitée. À 10 h 20, la guillotine tombe.

---

21 janvier 1793

La Terreur

La peur s'installe dans une France menacée à l'extérieur et déstabilisée à l'intérieur. À la Convention, deux groupes s'affrontent, les Girondins et les Montagnards qui s'entretuent. Robespierre instaure un régime de Terreur, s'attaque au clergé, aux nobles, aux royalistes ; on guillotine sans arrêt, à Paris comme en province, devant des sans-culottes qui chantent « Ah ça ira, ça ira, ça ira, les aristocrates à la lanterne... » Jusqu'à ce que Robespierre soit, lui aussi, guillotiné.

---

mars 1793 - juillet 1794

La chouannerie

Pendant ce temps-là, l'ouest de la France se soulève contre l'exécution du roi. C'est le début d'une guerre civile qui oppose les Vendéens, ou « chouans », dirigés par François Charette de La Contrie, aux troupes républicaines. Il y a de vraies batailles, mais aussi des règlements de compte et des assassinats des deux côtés. L'arrestation puis l'exécution de Charette, dont la devise est « Combattu souvent, battu parfois, abattu jamais », pacifie quelque temps la région.

1793 - 1796

Le coup d'État de Bonaparte

Après la mort de Robespierre, le Directoire est mis en place. Cela dure plusieurs années, mais le pays a du mal à s'organiser. La guerre continue contre les Autrichiens en Italie, contre les Anglais en Égypte. Un jeune général corse, Napoléon Bonaparte, s'y fait particulièrement remarquer. Et comme il a beaucoup d'ambition, il organise un coup d'État , le 18 Brumaire (9 novembre) et renverse le Directoire, remplacé par le Consulat, mettant fin à la période révolutionnaire.

9 novembre 1799

1780

5 mai 1789
Ouverture des états généraux.

14 juil. 1789
Prise de la Bastille.

4 août 1789
Abolition des privilèges.

26 août 1789
Adoption de la Déclaration des droits de l'homme et du citoyen.

14 juil. 1790
Fête de la Fédération, Louis XVI prête serment à la Nation.

21 juin 1791
Fuite de la famille royale et arrestation à Varenne.

10 août 1792
Prise des Tuileries

20 sept. 179
Bataille de Valmy.

21 sept. 1792

Abolition de la monarchie. Naissance de la 1re République.

3 mars 1793

Début de la chouannerie.

28 juil. 1794

Exécution de Robespierre et fin de la Terreur

9 nov. 1799

Coup d'Etat de Bonaparte. Instauration du Consulat. Fin de la Révolution française.

1800

21 jan. 1793

Exécution de Louis XVI.

10 mars 1793

Instauration du tribunal révolutionnaire, point de départ de la Terreur.

26 oct. 1795

Début du Directoire. Le pouvoir exécutif est aux mains de 5 directeurs.

LA FRANCE PENDANT LA RÉVOLUTION

Légende de

LA CARTE

1 Paris La Bastille

Forteresse construite en 1367, elle tombe le 14 juillet 1789. Il n'en reste rien, juste une place, haut lieu des manifestations.

2 Château de Versailles

Depuis Louis XIV, le château est le siège de la royauté. Après la Révolution, Napoléon en fait une résidence impériale.

3 Varennes-en-Argonne (Meuse)

Ce village (650 habitants aujourd'hui), non loin de Verdun, est connu grâce à l'arrestation de Louis XVI le 21 juin 1791 au soir.

4 Vendée (Pays de la Loire)

C'est là que la contestation paysanne se transforme en une véritable guerre contre la République (1793-1796).

5 Valmy (Marne)

C'est à Valmy que les armées révolutionnaires remportent une grande victoire sur les Prussiens le 20 septembre 1792. La République est proclamée le lendemain.

6 Saint-Cloud (Hauts-de-Seine)

C'est au château de Saint-Cloud, détruit pendant la Commune de Paris en 1871, qu'a lieu le coup d'État du jeune général Bonaparte, le 9 novembre 1799.

Louis XVI

(1754-1793)

Petit-fils de Louis XV auquel il succède sur le trône de France en 1774, il est le frère aîné des futurs rois Louis XVIII et Charles X qui seront au pouvoir quelques années après la Révolution française.

Mirabeau

(1749-1791)

Écrivain, diplomate, journaliste, excellent orateur, né dans une famille de la noblesse provençale, le comte joue pourtant un rôle important dans la Révolution, en tant que rédacteur de la Déclaration des droits de l'homme.

François Charette de La Contrie

(1763-1796)

Ce militaire breton joue un rôle essentiel dans la chouannerie à la tête de l'Armée catholique et royale du Bas-Poitou et du Pays de Retz. Surnommé « le roi de la Vendée », il est fusillé par les républicains le 29 mars 1796.

Maximilien Robespierre

(1758- 1794)

Élu député du tiers état en 1789, il milite contre l'esclavage et la peine de mort, pour l'égalité des droits. Pourtant, il met en place la politique de la Terreur, avant de finir à son tour sous le couperet de la guillotine.

Le Jeu du
CHERCHE & TROUVE

Cherche et trouve les éléments suivants dans le décor de droite :

Le chat

Le poisson

Le noyé

L'homme dans le tonneau

La femme de chambre

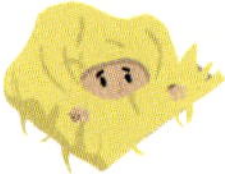
L'homme caché dans le foin

Les fleurs

Le crieur

Le prisonnier 1

Le prisonnier 2

Le pigeon 1

Le pigeon 2

Le pigeon 3

Le peintre

Le soldat rouge

Le trésor

Le révolutionnaire

Marianne

Robespierre

Danton

1789

Le Jeu des

7 ERREURS

Trouve les 7 différences entre l'image de gauche et l'image de droite.

Solution : les oiseaux ; les nuages ; le moulin ; le chapeau ; le boulet ; la moustache ; le chapeau sur le fusil.

Le Jeu du

LABYRINTHE

Aide ce révolutionnaire à trouver le chemin de la Bastille.

Solution : le bon chemin est le chemin numéro 4.

Le Jeu des OMBRES

Retrouve la bonne ombre de François Charette de La Contrie.

Bonne réponse : l'ombre d.

Le Jeu du

QUIZ

1. Le 14 juillet 1789, les Parisiens attaquent...

a. La Bastille

b. Le château de Versailles

c. Le palais des Tuileries

d. Le château de Saint-Cloud

2. La bataille de Valmy s'est déroulée au pied de quel bâtiment ?

a. Un phare

b. Une ferme

c. Une église

d. Un moulin

3. La République a été proclamée le...

a. 26 août 1789

b. 20 septembre 1792

c. 21 septembre 1792

d. 21 janvier 1793

Bonnes réponses : 1.a / 2.d / 3.c